ঈশ্বর ও পাখিটা

নীলাঞ্জন সাহা

Chitrangi

ঈশ্বর ও পাখিটা

A collection of Bangla poems by Nilanjan Saha

চিত্রাঙ্গী কর্তৃক প্রকাশিত। ঠিকানা: এ-১০/১, অমরাবতী,
সোদপুর, কলকাতা ৭০০১১০
Email: chitrangifoundation@gmail.com

প্রথম প্রকাশ: সেপটেম্বর ২০১৭ (September, 2017)

প্রচ্ছদ: সমীরণ ঘোষ

বিনিময়ঃ ১২০ টাকা | US Dollar 7.00
ISBN-13: 9789385782411

আপনাকেই...

সয়ে গেছে কবিতা-অসুখ
আমি সেইরকম অসুস্থতা চাই, যেন
মৃত্যু ফল নিয়ে দেখতে আসে
বলে, খেও!

সূচি

রাতকথা

রাত্রি বাড়ে, ভয়
ঘুমের ভেতর রক্ষী আমার
মৃত্যু নিশ্চয়!
কিন্তু আমি ঘুমাই জেগে
পাশ ফিরলেই খাদ
অর্ধজীবন পোকায় কাটা
আধখানা খায় চাঁদ...

হাত

কার হাত কে ধরেছে?
হাত ধরলেই পা মিলে যায়?
এক রাস্তা এক বাড়ি যায়?
এক বিছানায় শোবে?

একই হাত ধরেছো তুমি
স্বপ্ন ও বাস্তবে?

কবিতার জন্ম

তর্জনীর সঙ্গে সম্পর্ক সাধারণত ট্রিগারের, বৃদ্ধাঙ্গুলির
সঙ্গে ধনুকের ছিলার
তবু কী সুন্দর দেখ এরা দুজন
অসময়ে মধ্যমার পাশে দাঁড়ায়
জন্ম নেয় কবিতা!

রুমাল

মানুষ কখনো নিজের রুমালে কাঁদে না, ঘাম মোছে
রোদ বা সামান্য বৃষ্টিতে মাথায় জড়ায় কিংবা
বাড়ি ফেরার পথে কিনে আনে দেশী মুরগির ডিম;
আমি আজ পর্যন্ত কাউকে নিজের রুমালে কাঁদতে দেখিনি!

প্রদীপের নিচে

রোব্বার
সমস্ত আবাসন জুড়ে কুকারের সিটি
আর মাংসের ম-ম গন্ধ;

নিচে ঘুপচি ঘরে
কেয়ারটেকারের কালো স্টোভ
ফুটছে মোটা চাল, আর সামান্য
ওমলেট হওয়ার আশায় মাটিতে গড়াচ্ছে
একটা বেজন্মা পোলট্রির ডিম।

কৃষ্ণচূড়া

ভোরবেলা
রাস্তা দিচ্ছে ঝাঁট
কর্পোরেশনের লোক
নক্ষত্রের পোড়া ছাই
কবিতার বাতিল শব্দ
আর কিছু পাতা ও পালক,
সবটা চোখে পড়ছে না অবশ্য ওর
হয়ত সইটুকু পারে, আদতে নিরক্ষর
সারাক্ষণ চুপচাপ থাকে তাই
হঠাৎ ঘুম-ভাঙা কৃষ্ণচূড়াটি
উঁচু ডাল থেকে
অমলিন কিছু ফুল
ঝরিয়ে ডাকলো তাকে,
ভাই!
অমনি লঘু পায়ে লোকটা ঝাঁকড়া চুল
খুশির রুমালে কুড়িয়ে আলতো ফুল
নরম হেসে হাত ছোঁয়ালো গাছে
কার জন্য ফুল?
প্রেয়সী নাকি মা-মরা ছোট্ট মেয়ে?
শুধু কৃষ্ণচূড়ারই জানা আছে!

স্বীকারোক্তি

কবিতা লিখি না আমি
রাতে ঘুমোতে যাওয়ার আগে প্রতিদিন
খোলা ছাদে পেতে রেখে আসি খাতা
মৃত নক্ষত্রের আত্মারা আত্মকথা লিখে যায়
কোনোদিন ঝাঁপিয়ে পড়ে লিখতে বসে বৃষ্টি
কখনওবা নির্বাক শিশিরের দল
কিংবা কোনো রাতজাগা পাখি!

আমি অবশ্য এসবের কিছু জানি না
নিশ্চিন্তে ঘুমাই একা ঘরে
বন্ধু বাতাস দেখ-ভাল করে সব
অতিথিদের সমাদরে উলটে দেয় পাতা
চাঁদের আলোয় এক পক্ষকাল তারা লেখে
অন্ধকারে এক পক্ষকাল আমি সেগুলি জাল করি!

আয়ুরেখার তিল

আয়ুরেখার তিল, হে মুদ্রণপ্রমাদ
তুমি তার ঠোঁটে গিয়ে বসো
তাকে দেখি, দেখে যাই আরো কিছুকাল
আমার রাত্রি, আমার সকাল
কীভাবে সাজায় তাকে মনে-মনে
তুমি তো জানো;
আয়ুরেখার তিল, হে মৃত্যুদূত
আমার জীবন জুড়ে যতো খুঁত
সে তার কবিতাসমাধান
তুমি তার অবৈধ ঠোঁটে বসে সুন্দর হও

তোমায় দিই যতোরকম চুমু

গল্প

দেওয়াল ঘড়ির টিকটিক আর আমার
হৃদপিণ্ডের লাবডুব
আমি ঘুমিয়ে যাবার পর কী গল্প করে
কে জানে!

দরজা

পাখিরা বাসায় ফেরে, মানুষ খাঁচায়
মানুষ কতো পরিকল্পনা করে
ঘর ও বাথরুম সাজায়
যেন অনন্তকাল থাকবে!
এমন মানুষের ভীড়ে আমি কোথায়
বন্ধুকে পাবো?
ঘরময় ছেলে-ভোলানো দরজা
যতোবার করেছি প্রবেশ
ততোবার বেরিয়ে যাবো।

সাক্ষাৎ

নদীতেই জল থাকে শুধু?
জলেও কি নদী নেই, বলো?
ফেরার সময় হলে ঘরে
তুমি কি একাই ছলোছলো?

হাঁস

যেন হাঁস, জল-জল খেলা
এই ভাসি, এই ডুব...
তোমাকে আমার অহেতুক
মনে পড়ছে খুব!

জুতো

অন্তত জুতো হলেও দুজনে থাকা যেত
হাঁটা যেত একই রাস্তায়
আমি খন্দে পড়লে ছন্দপতন
হতো তোমার, তুমুল বর্ষায় জলকেলি
করতাম কাদাজলে
ফিরে আসতাম একই ঠিকানায় প্রতিদিন
তারপর সারারাত একে অপরের
পাথর ও কাঁটার ক্ষতে রাখতাম হাত
জুতো হলে আরো কত কিছু হতো
একজন ছিঁড়ে গেলে সহমরণে যেতাম
সহজেই

কবিতা না এলে

দিনগুলো এমনই হয়ে গেল
বেধরক বুড়ো হয়ে যাওয়া ছাড়া
আর কোনো কাজ নেই যেন!
হে আমার গতজন্মের মৃত্যু
তুমি কি সেই আগের মতোই আছো
নতুন কিছু লেখাবে না!

কবিতা না এলে
টিকিটের পয়সা-না-থাকা বালকের মতো
সার্কাসের তাঁবুর বাইরে ঘোরাঘুরি করি!

দেখা

ঝুঁকে দেখেছি...
প্রতিটি কুয়োর ভেতর
এক দুঃখী মানুষ
আমার দিকে চেয়ে থাকে!

ঈশ্বর ও পাখিটা

ঈশ্বরের পাশে বসে একের পর এক
পাখি বানানো দেখছি
ছেলেবেলার এরোপ্লেনের মতো
তিনি সেগুলি উড়িয়ে দিচ্ছেন আকাশে
আর শিশুর মতো হাততালি দিয়ে উঠছি দুজনেই!
কিন্তু প্রথম পাখিটির সময়
অনভিজ্ঞতাবশত কোনো আকাশ ছিল না
সেটি তাই কোথায় যে হারালো!
আজ এত পাখির ভীড়ে
আমরা মাঝেমাঝেই সেই
পাখিটির কথা বলে থাকি
বস্তুত, সব পাখির ভেতর
সেই পাখিটিকেই খুঁজে চলেছি তারপর
আমি আর আমার ঈশ্বর!

প্রলাপ

নদীর যে প্রান্তে আমি থাকি
সেখান থেকে শুধু সূর্যাস্তই দেখা যায়
দিন আসে না, চলে যায় কেবল
রাত আসে কিন্তু যায় না
টেবিলে এলার্ম-ঘড়ির পাশে বেমালুম রাখা থাকে
ঘুমের ট্যাবলেট!
একটি খসে পড়া পালকে
কতটুকু পাখি থাকে?
বন্ধুর চিঠিতে কতটুকু শত্রু তুমি?
এসব প্রশ্ন ঘোরে মাথায়
এবং আমি বেঁচে থাকি
বেঁচেই থাকি
কারণ,
আত্মহত্যার সহজতম উপায় হলো
বেঁচে থাকা!

পাগল

তীব্র শীতে কুঁকড়ে যেতে যেতে
যদি পারিস নিজের শিশ্নটাকে
মুখে নে, চুষতে থাক
ওখানে হয়ত কিছু আগুন আজও আছে
সকালে দোকানি আসার আগে
খালি করে দিস সিঁড়ি
আর তোকে যে ম্যাজিকটা শেখালাম
কবি ও জাতপাগল ছাড়া
কাউকে বলিস না যেন;
ছেঁড়া কম্বলের ভেতর দিয়ে চাঁদ দেখিস
ঘরে আলো জ্বললে ঘুম আসে তোর?

রানির বিকেল

পড়ন্ত সূর্যের নরম আলো
রানির অভিমানী গালের একপাশে পড়তেই
ঈর্ষাকাতর ঝাপসা চাঁদ রানির নাকফুলকে
ফিসফিস করে বললো—
দেখিস, আজ তোকে ঝাড়বাতির মতো সাজাব!

রাত্রি

স্তনের নিচে পাঁজর
দীর্ঘশ্বাস দীর্ঘশ্বাস
আর বুঝি নেই কাজ ওর?
বৃন্ত তবু জাগে
শাসক পুরুষ, শীৎকার আর
নিজের প্রতি রাগে!
তোমার কথা রাত্রি জানায়
ভেঙে পড়বার আগে!

অসুখের পঙক্তি

১

দুঃস্বপ্নে দেখেছি গতকাল রাতে
হলুদ কেল্লার ছাদে একটি মৃত ময়ূর;
আকাশ থেকে নেমে আসছে
লাল নীল মেয়েলি ছাতা
এবং তাদের ধাওয়া করেছে বৃষ্টি...

২

আজ ঘুম ভাঙ্গতেই দেখলাম
কাছের মানুষেরা সব কাচের মানুষ হয়ে গেল
এবং ঝন্-ঝন্ করে ভেঙ্গে পড়ল মেঝেতে!

বিশ্বাসের ভার এত বেশি ছিল?
ভালোবাসার?

৩

জল সরে গেলে মাটি
প্রেম সরে গেলে মন

অমন নরম থাকে কিছুক্ষণ!

৪

যে ভাসায় তাকেই দিয়েছি নৌকো;
যে পোড়ায় তারই ছবি আঁকি
কী ভীষণ মিল আমাদের, দ্যাখো
তুমি আমাকে ভুলে থাকো
আমিও আমাকে ভুলে থাকি!

চোর

ঘুমন্ত সে, জেগে আছে নাকফুল
বালিশ জুড়ে মেঘ করেছে চুল

নদীর মতো যুগল ভুরু-মাঝে
আধফালি চাঁদ কক্ষচ্যুত আছে

গলার কাছে গন্ধ-বিভোর হাওয়া
সাক্ষী আমি এবং আমার চাওয়া

হাওয়ার নিচে মৃদুমন্দ ঢেউ
দেখছে না তো গোপনে আর কেউ?

রানিকে কবিতাগুচ্ছ

১

পারলে না তো ঢেউ?

তোমার চেয়েও ভাসিয়েছে বেশি,

আর কেউ!

২

দুধের বাটির মতো দু-হাতে তুলে ধরে

ছোঁয়াবো ঠোঁট

টলটলে চোখ ও অধরে!

৩

তোমার হাতেই জন্ম দিলাম, মৃত্যু দিলাম, গোলকধাঁধা

বাঁশী আমি নাইবা জানি, তুমিই রাধা!

৪

এখন আমি আলো,

তোমার মুখে ছড়িয়ে পড়ে

বাসছি তোমায় ভালো!

৫

পড়ন্ত রোদের মতো গা বেয়ে বেয়ে নামি,
জুতোর ফিতের ফাঁকে যেটুকু পাতা
ছুঁয়ে-ছুঁয়ে মাটিতে এসে থামি!

৬

সুস্থ আছি তোমার দেওয়া বিষে,
আগুন না জল তফাত বুঝি না কোনো
হেলান দিয়েছি নিবিড় বিশ্বাসে
বাতাস না তুমি, ভাবিনি কক্ষনো!

সরস্বতী পুজো

তুমি আজ দেবীমূর্তির পাশে দাঁড়িয়ে
সেলফি তুলতে যেও না,
দু-দিনের জন্য এসেছেন
হীনম্মন্যতা নিয়ে ফিরে যান
তুমি চাও?

মায়া

দিন যায়, ছায়া দীর্ঘতর
একদা প্রিয় ছিল যে ঘরও
অচেনা লাগে!
ধুলো ওড়ে, কতো স্মৃতি
সেদিন কাছে ছিল যারা
বুঝিনি অতিথি!

প্রশ্ন

কী দারুণ সাঁতার জানে নদী
মোহময় পুড়তে জানে আগুনও
আর জীবন বাঁচার বদলে কেবলই মরে যাবে?

দৃশ্য

ছিপ ফেলে যে লোকটা ঠাঁয় বসে আছে পুকুরপাড়ে
জলে তার স্পষ্ট প্রতিবিম্ব,
সেও কি আমারই মতো
মাছ নয়, জল থেকে
টেনে তুলতে চাইছে নিজেকেই?

সিগারেট

এতো ভালোবাসো?
সিগারেট কেড়ে নিয়ে
মুখে গুঁজে দিলে স্তন!
অদূরে সিগারেট
দ্বিতীয় পুরুষের মতো
জ্বলে-পুড়ে ছাই হয়ে গেল!

ঘর

তোমার ভেতর যে ঘর আমার
ছাদ রাখিনি

তুমি তো আছোই!

যুদ্ধ

তুমি কি জানো
আমার ভেতর
তুমি ও মৃত্যু
কী ভীষণ যুদ্ধ করো!

ইত্যাদি

যতোই জড়িয়ে ধরি বুকে
দুটি হৃদয় ডানদিক-বাঁদিকে!

*

জীবন, কী আর বলার থাকে তবে
মৃত্যু স্থির
যেন তার ছবি তোলা হবে!

*

এ জন্মটা এমন গেল
যেন রাস্তাবাড়ি চিনে গেলাম
পরের বার পাকাপাকি এসে থাকবো!

*

আবার বলো, এতক্ষণ তোমার বলাটা দেখছিলাম
কিচ্ছু শুনিনি

*

চশমারও দেখতে ইচ্ছে করে, তাই খুলে রাখতেই তার
অভিশাপে
ঝাপসা দেখায় তোমার মুখ!

*

তোমার ছবি যখনই দেখি মনে হয় সরাসরি সম্প্রচারিত
হচ্ছো...

*

বাঁচতে চাই আবার মৃত্যুর পর তোমার কান্নাটাও দেখতে
ইচ্ছে করে!

*

আঙুল তেমন আঙুল পেলে ঠোঁটের চেয়েও প্রগলভ

*

চাঁদের আলো নৈঃশব্দ্যের সবচেয়ে কাছের অনুবাদ।

*

আমি তোমাকে যেমন দেখছি
আয়নার সামনে তুমি কি নিজেকে তেমনই দেখছো?

*

একই দূরত্ব, কখনো বাড়ে কখনো কমে

*

আয়নার অবস্থান বদল হলে
নিজের প্রতিবিম্বও এমন চমকে দেয়!

*

চাবি হারানো তালা
তোমার চেয়েও কষ্টে আছে সে
বেঁধেছো যাকে!

*

বলো পাণ্ডুলিপি, বাতিল কবিতার অভিমান কি কবির চেয়েও
বেশি?

নীলাঞ্জন গভীরভাবে বিশ্বাস করেন হৃদয়শাসিত কবিতায়। তিনি মনে করেন, কবিতাকে অবশ্যই স্বতঃস্ফূর্ত হতে হবে। নতুন ধারার কবিতা লেখার তাগিদে রাতারাতি জোর করে নিজের কবিতার ভাষা ও রীতি বদলের তিনি ঘোর বিরোধী। এছাড়াও তিনি বিশ্বাস করেন ঈশ্বর ও পুনর্জন্মে। নিজেকে বলেন, মিস্টিক! তবে, ধর্মের চেয়েও বেশি আস্থা রাখেন আধ্যাত্মবাদে, মানুষের শুভবোধে। ভালোবাসেন মেঘশূন্য রাতের আকাশ ও গোধূলিবেলায় একলা নদী-তীরে ঘুরতে। গান তার প্রিয় সঙ্গী। তিনি বলেন, গান আছে তাই প্রাণ আছে, আর চাঁদ আছে তাই অভিমান!

www.ingramcontent.com/pod-product-compliance
Lightning Source LLC
Chambersburg PA
CBHW050026170726
48282CB00025B/570

* 9 7 8 9 3 8 5 7 8 2 4 1 1 *